서비스중국어 회화

박금청 · 이미화 · 양희옥 공저

진샘미디어

JINSAEM

머리말

중국은 대국이다. 인구 14억, 넓은 국토, 비약적으로 발전하는 경제를 생각하면 그야말로 세계의 커다란 시장이 아닐 수 없다. 중국 경제의 발전에 따른 가계소득의 증가로 중국인들의 해외여행이 점차 확대되고 있다. 한국은 중국의 인접국가로서 양국간의 관광객 수는 나날이 증가하는 추세로 2012년도 중국, 대만, 홍콩 등 중국권 관광객 수가 374만 명으로 2011년에 비해 27.8%가 늘었다. 이는 한국을 방문한 외국인 관광객 중 제일 큰 비중을 차지하는 것으로 보인다.

관광객이 늘어나면 그에 따른 관광서비스산업 전반이 발전하게 되는 시너지 효과가 있다. 특히 중국인 관광객 수의 증가는 호텔, 항공 및 기타 서비스 산업에서 종사하는 사람들에게 중국어의 필요성을 절실히 느끼게 한다.

본 교재는 중국인이 처음 한국 인천국제공항에 도착하여 한국을 여행하고 귀국하는 일정을 따라 내용을 구성하였다. 인천국제공항에서 입국하는 절차, 버스타기, 호텔 투숙, 식사, 카지노관광 등을 마치고 공항 리무진 버스타고 다시 출국절차를 밟는 과정이다. 한국인이 한국에서 해외여행을 하는 과정과 대조하여 생각해 보면 쉽게 이해 될 수 있는 상황이다. 이러한 과정에서 필요로 하는 기본적인 서비스 관련 중국어 구문을 통해 기초적인 중국어 회화 능력을 향상시킬 수 있을 것이라 믿으며 여러분에게 많은 도움이 될 수 있기를 바란다.

저자 일동

차례

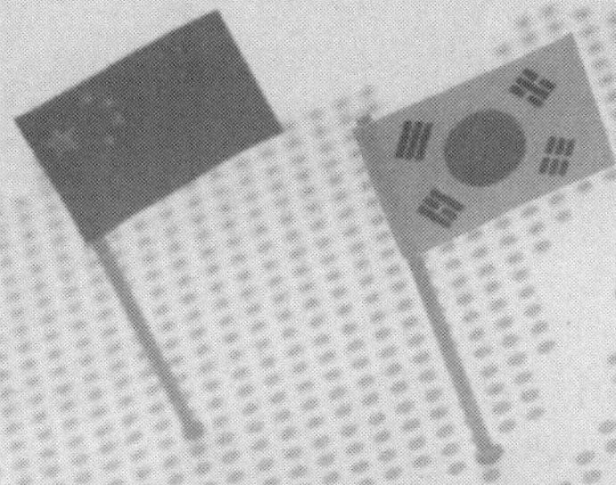

第一课

入境

한국 입국

어휘

踩	cǎi	밟다
防疫地毯	fángyì dìtǎn	방역카펫
交	jiāo	제출하다
检疫申明卡	jiǎnyì shēnmíngkǎ	검역질문서
红外摄像机	hóngwài shèxiàngjī	적외선 카메라
发热	fārè	발열
腹泻	fùxiè	설사
呕吐	ǒutù	구토
症状	zhèngzhuàng	증상

주요문구

여기는 인천국제공항입니다. 중국인 왕군씨는 한국을 처음 방문합니다. 비행기 도착 후 어떠한 절차를 거쳐 한국을 여행할 수 있을까요?

01

欢迎 来 韩国!
Huānyíng lái hánguó!
한국에 오신 것을 환영합니다.

02

请 踩 防疫 地毯 过去。
Qǐng cǎi fángyì dìtǎn guòqu。
방역카펫을 밟고 가주십시오.

03

请 交 检疫 申明卡。
Qǐng jiāo jiǎnyì shēnmíngkǎ。
검역질문서를 제출해 주십시오.

04

请 一个个地 通过 审查台 上 的 红外 摄像机。

Qǐng yígègede tōngguò shěnchátái shàng de hóngwài shèxiàngjī。

검역심사대의 적외선 카메라를 한 사람씩 통과해 주세요.

05

有发热，腹泻，呕吐 的 症状 吗?

Yǒu fārè, fùxiè, ǒutù de zhèngzhuàng ma?

발열, 설사, 구토 등의 증상이 있으십니까?

상용문구

01

请交检疫申明卡。

Qǐng jiāo jiǎnyì shēnmíngkǎ。

검역질문서를 제출해 주십시오.

好的，在这儿。

Hǎode, zài zhèr。

예, 여기에 있습니다.

对不起，申明卡在哪儿?

Duìbuqǐ, shēnmíngkǎ zài nǎr?

죄송하지만 질문서가 어디에 있습니까?

02

有发热，腹泻，呕吐的症状吗?

Yǒu fārè, fùxiè, ǒutù de zhèngzhuàng ma?

발열, 설사, 구토 등의 증상이 있나요?

不，没有。

Bù, méiyǒu。

아니오, 없습니다.

有点儿发烧。

Yǒu diǎnr fāshāo。

약간의 열이 있습니다.

有点儿肚子疼。

Yǒu diǎnr dùzi téng。

약간의 복통이 있습니다.

문법

1. 방향보어

방향보어는 동사 뒤에 쓰여 방향을 나타내는 보어를 가리키며 단순방향보어와 복합방향보어로 나뉜다. 단순방향보어 '来, 去, 上, 下, 进, 出, 回, 过, 开, 到, 起'등이 있고, 복합방향보어에는 동사 뒤에 '上来, 上去, 下来, 下去...' 등과 같이 来/去를 합성해서 쓴다.

예 请踩防疫地毯过去。

Qǐng cǎi fángyì dìtǎn guòqu。

방역카펫을 밟고 가주시기를 바랍니다.

行李到底什么时候出来?

Xíngli dàodǐ shénme shíhou chūlai?

도대체 수하물은 언제쯤 나오나요?

2. 一 +양사중첩형 + 地

숫자 '一'은 양사의 중첩형식과 결합하여 부사어로 쓰일 수 있다. 이 경우에는 일반적으로 동작의 방식을 나타내며, '하나나(전부)'의 뜻을 나타낸다.

예 请一个个地通过审查台上的红外摄像机。

Qǐng yígèggède tōngguò shěnchátái shàng de hóngwài shèxiàngjī。

검역심사대의 적외선 카메라를 한 사람씩 통과해 주세요.

他一遍遍地说着。

Tā yíbiànbiànde shuō zhe。

그는 한번 도 한번 씩(수없이) 얘기를 한다.

교체연습

01

欢迎来韩国!

Huānyíng lái hánguó!

访问	fǎngwèn	방문하다
回	huí	돌아오다

02

请交检疫申明卡。

Qǐng jiāo jiǎnyì shēnmíngkǎ。

申报表	shēnbàobiǎo	신고서
物品清单	wùpǐnqīngdān	물품리스트

03

有发热，腹泻的症状吗?

Yǒu fārè, fùxiè de zhèngzhuàng ma?

咳嗽	késou	기침
脱水	tuōshuǐ	탈수

종합연습

1. 다음 미완성된 문장을 중국으로 완성해 보세요.

(1) 한국에 오신 것을 환영합니다.

欢迎(　　　　　　)韩国。

(2) 방역카펫을 밟고 가주십시오.

请(　　　　　　)防疫地毯过去。

(3) 검역질문서를 제출해 주십시오.

请(　　　　　　)检疫申明卡。

(4) 발열, 설사, 구토 등의 증상이 있으십니까?

有发热，腹泻，呕吐的(　　　　　　)吗?

2. 다음 문장을 중국어로 써 보세요.

(1) 검역질문서를 제출해 주십시오.

(2) 죄송하지만 질문서가 어디에 있습니까?

(3) 약간의 열리 있습니다.

(4) 약간의 복통이 있습니다.

知识库

지식쌓기

鹏程万里

péng chéng wàn lǐ

— ≪庄子·逍遥游≫에 나오는 이야기입니다.

해석 | 전도가 양양하다. 장래가 유망하다.

용법 | 주로 배우는 사람들에게 장래가 창창함을 칭송하는 말.

예문 | **祝你们鹏程万里！**

Zhù nǐmen péng chéng wàn lǐ!

전도가 유망하기를 기원합니다.

第二课

入境检查

입국심사

어휘

入境检查	rùjìngjiǎnchá	입국심사
地方	dìfang	장소, 곳
本国人	běnguórén	내국인(本国公民)
外国人	wàiguórén	외국인
左边	zuǒbiān	왼쪽
右边	yòubiān	오른쪽
排行	páiháng	줄 서다
黄线	huángxiàn	노란선
后边	hòubiān	뒤쪽
韩国	hánguó	한국
因为	yīnwèi	~때문에

주요문구

왕군씨는 검역을 마치고 입국심사를 받으러 검사대로 이동합니다.

01

这儿 是 入境 检查 的 地方。

Zhèr shì rùjìng jiǎnchá de dìfang。

여기는 입국심사를 하는 곳입니다.

02

本国人 往 左边 走，外国人 往 右边 走。

Běnguórén wǎng zuǒbiān zǒu, wàiguórén wǎng yòubiān zǒu。

내국인은 왼쪽으로 외국인 오른쪽으로 가주십시오.

03

请 排成 一行 站在 黄线 的 后边。

Qǐng páichéng yìháng zhànzài huángxiàn de hòubiān。

노란선 뒤로 한 줄로 서 주십시오.

04

第一次 来 韩国 吗?
Dìyīcì lái hánguó ma?
한국에는 처음이십니까?

05

因为 什么 事 来 韩国?
Yīnwèi shénme shì lái hánguó?
한국에 무슨 일로 오셨습니까?

상용문구

01

本国人往左边走，外国人往右边走。

Běnguórén wǎng zuǒbiān zǒu, wàiguórén wǎng yòubiān zǒu。

내국인은 왼쪽으로 외국인 오른쪽으로 가주십시오.

外国人在这里接受入境审查。

Wàiguórén zài zhèli jiēshōu rùjìng shěnchá。

외국인은 이곳에서 입국심사를 받아야합니다.

谢谢合作!

Xièxie hézuò!

협조해 주셔서 감사합니다.

02

第一次来韩国吗?
Dìyīcì lái hánguó ma?
한국에는 처음이십니까?

是的，是第一次。
Shìde, shì dìyīcì。
네, 한국에는 처음 왔습니다.

03

因为什么事来韩国?
Yīnwèi shénme shì lái hánguó?
한국에 무슨 일로 오셨습니까?

观光。
Guānguāng
관광하러 왔습니다.

문법

1. 전치사 '往'

전치사 '往'은 명사(구), 대명사와 함께 전치사구를 구성하여 동사 앞에 위치하며 동작 행위의 방향 '~으로/에로' 를 나타낸다.

예 本国人<u>往左边</u>走。

Běnguórén wǎng zuǒbiān zǒu。

내국인은 왼쪽으로 가주십시오.

外国人<u>往右边</u>走。

Wàiguórén wǎng yòubiān zǒu。

외국인은 오른쪽으로 가주십시오.

2. 의문대명사 '什么'

의문대명사 '什么'는 '무엇'의 의미를 나타내며 뒤에 명사가 오면 '어떤/무슨'의 의미를 나타낸다.

예 这是<u>什么</u>?

Zhèshì shénme?

이것이 무엇입니까?

因为<u>什么事</u>来韩国?

Yīnwèi shénme shì lái hánguó?

한국에 무슨 일로 오셨습니까?

교체연습

01

第一次来韩国吗?

Dìyīcì lái hánguó ma?

第二次	Dìèrcì	두 번째
第几次	Dìjǐcì	몇 번째

02

因为什么事来韩国?

Yīnwèi shénme shì lái hánguó?

投资	tóuzī	투자
出差	chūchāi	출장
商用	shāngyòng	상용
亲戚访问	qīnqīfǎngwèn	친척방문
学习	xuéxí	학습

종합연습

1. 다음 미완성된 문장을 중국으로 완성해 보세요.

(1) 여기는 입국심사를 하는 곳입니다.

这儿是入境检查的(　　　　　　　)。

(2) 내국인은 왼쪽으로 가주십시오.

本国人往(　　　　　　　)走。

(3) 외국인은 오른쪽으로 가주십시오.

外国人往(　　　　　　　)走。

(4) 협조해 주셔서 감사합니다.

谢谢(　　　　　　　)!

2. 다음 문장을 중국어로 써 보세요.

(1) 노란선 뒤로 한 줄로 서 주십시오.

(2) 한국에는 처음 오십니까?

(3) 네, 한국에는 처음 왔습니다.

(4) 한국에 무슨 일로 오셨습니까?

知识库

지식쌓기

中国人都喜欢喝茶。但是，不同地方的人，喝茶的习惯不太一样。北方人喜欢花茶，南方人喜欢绿茶。花茶和绿茶我也喜欢，但是我最喜欢的是红茶。

Zhōngguó rén dōu xǐhuan hē chá. Dànshì, bùtóng dìfāng de rén, hē chá de xíguàn bú tài yíyàng. Běifāng rén xǐhuan huāchá, nánfāng rén xǐhuan lǜchá. Huāchá hé lǜchá wǒ yě xǐhuan, dànshì wǒ zuì xǐhuan de shì hóngchá.

단어 | 茶 chá, 但是 dànshì, 地方 dìfāng, 习惯 xíguàn,
一样 yíyàng, 北方 běifāng, 南方 nánfāng

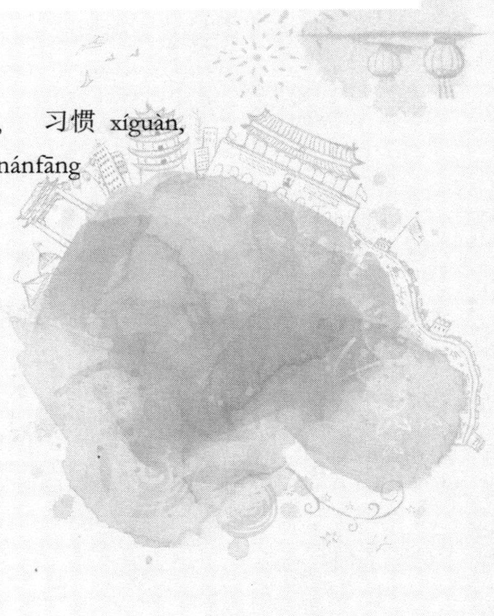

第三课

领取行李

수하물 찾기

어휘

行李传送带	xíngli chuánsòngdài	수하물수취대
哪儿	nǎr	어디
领取	lǐngqǔ	찾다
行李	xíngli	수하물, 짐
推车	tuīchē	카트
到底	dàodǐ	도대체
什么时候	shénme shíhou	언제

주요문구

(왕군씨는 입국심사를 마치고 수하물을 찾으러 갑니다.)

01

请 在 7号 行李传送带 领取 行李。

Qǐng zài qī hào xínglichuánsòngdài lǐngqǔ xíngli。

7번 수하물수취대를 이용하시기 바랍니다.

02

这儿 是 7号 行李传送带 吗?

Zhèr shì qī hào xínglichuánsòngdài ma?

여기가 7번 수하물수취대입니까?

03

请问, 推车 在 哪儿?

Qǐngwèn, tuīchē zài nǎr?

카트는 어디에 있습니까?

04

行李 到底 什么 时候 出来?

Xíngli dàodǐ shénme shíhou chūlai?

도대체 수하물은 언제쯤 나오나요?

05

行李 怎么 这么 晚 出来 呢?

Xíngli zěnme zhème wǎn chūlai ne?

수하물이 왜 이렇게 늦게 나오나요?

06

我 的 行李 没 出来。

Wǒ de xíngli méi chūlai。

제 짐이 나오지 않습니다.

상용문구

01

请在7号行李传送带领取行李。
Qǐng zài qī hào xínglichuánsòngdài lǐngqǔ xíngli。
손님께서는 7번 수하물수취대를 이용하시기 바랍니다.

这儿是7号行李传送带吗?
Zhèr shì qī hào xínglichuánsòngdài ma?
여기가 7번 수하물수취대입니까?

对，是。
Duì, shì。
예, 맞습니다.

有点儿晚了。
Yǒu diǎnr wǎn le。
좀 늦어지네요.

请再等一会儿。
Qǐng zài děng yíhuìr。
조금만 더 기다려 주세요.

02

行李传送带怎么还不运作呢?
Xínglichuánsòngdài zěnme hái bú yùn zuò ne?
수하물수취대가 왜 아직 움직이지 않나요?

对不起，行李快到了。
Duìbuqǐ, xíngli kuài dào le。
죄송합니다. 수하물이 곧 도착됩니다.

문법

1. 부사어 '这么'

부사어는 주로 술어를 수식하는 역할을 한다. '这么'은 주로 '동사/형용사'를 수식하며 방식이나 정도를 나타낸다.

예 这么走吗? (방식)

Zhème zǒu ma?

이렇게 떠나나요?

行李怎么这么晚出来呢? (정도)

Xíngli zěnme zhème wǎn chūlai ne?

수하물이 왜 이렇게 늦게 나오나요?

2. 부정부사 '没'

부정부사 '没'은 동사와 형용사의 앞에 나타내며, 객관적 사실에 대한 부정 혹은 과거의 상태나 동작행위의 발생/완성에 대한 부정할 때 쓰인다.

예 我的行李没出来。

Wǒ de xíngli méi chūlai。

제 짐이 나오지 않습니다.

我没带酒。

Wǒ méi dài jiù。

나는 술을 휴대하지 않았다.

교체연습

01

请问，推车在哪儿？

Qǐngwèn, tuīchē zài nǎr?

免税店	miǎnshuìdiàn	면세점
洗手间	xǐshǒujiān	화장실
休息室	xiūxishì	휴게실

02

行李怎么这么晚出来呢？

Xíngli zěnme zhème wǎn chūlai ne?

那个人	nà ge rén	그 사람
菜	cài	요리
签证	qiānzhèng	비자

종합연습

1. 다음 미완성된 문장을 중국으로 완성해 보세요.

⑴ 카트는 어디에 있습니까?

请问, (   )在哪儿?

⑵ 도대체 수하물은 언제쯤 나오나요?

(   )到底什么时候出来?

⑶ 수하물이 왜 이렇게 늦게 나오나요?

行李(   )这么晚出来呢?

⑷ 제 짐이 나오지 않습니다.

我的行李(   )出来。

2. 다음 문장을 중국어로 써 보세요.

⑴ 여기가 7번 수하물수취대입니까?

⑵ 좀 늦어지네요.

⑶ 조금만 더 기다려 주세요.

⑷ 죄송합니다. 수하물이 곧 도착됩니다.

知识库

지식쌓기

千里之行，始于足下

qiān lǐ zhī xíng, shǐ yú zú xià

–≪老子≫에 나오는 이야기입니다.

해석 | 천리길도 한 걸음부터 시작된다. 어떤 일의 성공은 모두 작은 것이 모여 이루어지는 것이다.

용법 | 조급한 마음으로 일을 한 사람들에게 일깨우는 말.

예문 | 千里之行，始于足下！知识也是一点一滴积累起来的。

Qiān lǐ zhī xíng, shǐ yú zú xià! Zhīshi yě shì yìdiǎn yìdī jīlěi qǐ lái de。

천리길도 한 걸음부터 시작된 것처럼 지식 또한 조금씩 쌓아간 것이다.

第四课

海关检查

세관검사

어휘

希望	xīwàng	희망하다
检查台	jiǎnchátái	검색대
打开	dǎkāi	열다
申报	shēnbào	신고
物品	wùpǐn	물품
合作	hézuò	협조하다
旅途	lǚtú	여행
愉快	yúkuài	즐거운

주요문구

01

请问，您 的 箱子 里 有什么?

Qǐngwèn, nín de xiāngzi li yǒu shénme?

손님, 트렁크 안에 무엇이 들어있습니까?

02

希望 您 到 检查台 去 一下。

Xīwàng nín dào jiǎnchátái qù yíxià。

손님께서는 검색대로 와 주시기를 부탁드립니다.

03

您 能 打开 一下 行李 吗?

Nín néng dǎkāi yíxià xíngli ma?

손님 짐을 좀 열어봐 주시겠습니까?

04

您 有 要 申报 的 物品 吗?

Nín yǒu yào shēnbào de wùpǐn ma?

신고하실 물품이 있으십니까?

05

谢谢 您 的 合作。

Xièxie nín de hézuò。

협조해 주셔서 감사합니다.

06

祝 您 旅途 愉快!

Zhù nín lǚtú yúkuài!

즐거운 여행 되십시오.

상용문구

01

您的箱子里有什么?
Nín de xiāngzi li yǒu shénme?
트렁크 안에 무엇이 들어있습니까?

是免税化妆品。
Shì miǎnshuì huàzhuāngpǐn。
면세 화장품입니다.

02

您有要申报的物品吗?

Nín yǒu yào shēnbào de wùpǐn ma?

신고하실 물품이 있으십니까?

不，没有。

Bù, méiyǒu。

아니오, 없습니다.

买了一个300多美元的照相机，需要申报吗?

Mǎi le yí ge sān bǎi duō měiyuán de zhàoxiàngjī, xūyào shēnbào ma?

300달러 정도의 카메라 1대를 샀는데 신고해야합니까?

문법

1. 명사의 처소화

처소명사는 처소를 나타낼 수 있다. 하지만 일반명사도 처소를 나타낼 수 있으며 처소를 나타낼 때는 뒤에 반드시 방위사를 덧붙이면 된다.

예 您的**购物袋里**是什么?

Nín de gòuwùdài li shì shénme?

쇼핑백에 무엇이 들어있습니까?

您的**手提包里**是什么?

Nín de shǒutíbāo li shì shénme?

핸드백에 무엇이 들어있습니까?

2. 동량보어 '一下'

동량보어는 동작 행위의 수량 회수를 나타내는 것이다. 동량보어 '一下'는 주로 동작의 회수를 나타낸다.

예 希望您到检查台去一下。

Xīwàng nín dào jiǎnchátái qù yíxià。

손님께서는 검색대로 와 주시기를 부탁드립니다.

您能**打开一下**行李吗?

Nín néng dǎkāi yíxià xíngli ma?

손님 짐을 좀 열어봐 주시겠습니까?

교체연습

01

您的箱子里有什么?

Nínde xiāngzi li yǒushénme?

购物袋	gòuwùdài	쇼핑백
手提包	shǒutíbāo	핸드백

02

您有要申报的物品吗?

Nín yǒu yào shēnbào de wùpǐn ma?

看的电影	kàn de diànyǐng	보고 싶은 영화
吃的食品	chī de shípǐn	먹고 싶은 것

종합연습

1. 다음 미완성된 문장을 중국으로 완성해 보세요.

(1) 손님, 트렁크 안에 무엇이 들어 있습니까?

请问，您的(　　　　　　　)里有什么?

(2) 손님게서는 검색대로 와 주시기를 바랍니다.

(　　　　　　　)您到检查台去一下。

(3) 신고하실 물품이 있으십니까?

您有要申报的(　　　　　　　)吗?

(4) 협조해 주셔서 감사합니다.

谢谢您的(　　　　　　　)。

2. 다음 문장을 중국어로 써 보세요.

(1) 손님 짐을 좀 열어봐 주시겠습니까?

(2) 신고하실 물품이 있으십니까?

(3) 아니오, 없습니다.

(4) 즐거운 여행 되십시오.

知识库

지식쌓기

昨天我收到了一封信，是用笔写的那种"真"的信，不是电子邮件。可能是因为电子邮件又快又方便，还不用花钱，所以用笔写信的人就越来越少了，能收到一封真的信也越来越不容易了。

Zuótiān wǒ shōudào le yì fēng xìn, shì yòng bǐ xiě de nà zhǒng "zhēn"de xìn, búshì diànzǐyóujiàn。Kěnéng shì yīnwèi diànzǐyóujiàn yòu kuài yòu fāngbiàn, bái búyòng huāqián, suǒyǐ yòng bǐ xiěxìn de rén jiù yuè lái yuè shǎo le, néng shōudào yì fēng zhēn de xìn yě yuèláiyuè bù róngyì le。

단어 | 信 xìn 편지, 笔 bǐ 펜, 电子邮件 diànzǐyóujiàn 전자우편,
可能 kěnéng 아마도, 方便 fāngbiàn 편리하다,
花钱 huāqián 돈 쓰다, 越来越… yuèláiyuè… 갈수록…/점차…,
容易róngyì 쉽다

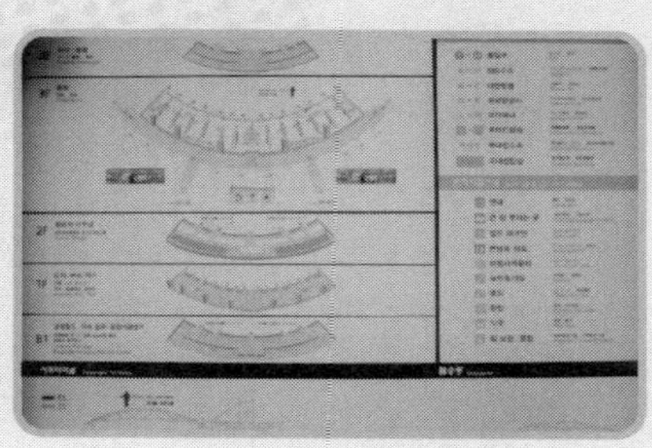

第五课

咨询

인포메이션

어휘

乘坐	chéngzuò	타다
机场巴士	jīchǎngbāshì	공항리무진
买票	mǎipiào	표 사다
咨询台	zīxúntái	인포메이션 데스크, 안내 데스크
巴士票	bāshìpiào	버스표
多少钱	duōshaoqián	얼마에요
可以	kěyǐ	~할 수 있다
等	děng	기다리다

주요문구

(왕군씨는 입국수속을 마치고 공항 리무진 버스를 타고 서울로 가려합니다.)

01

我 想 乘坐 去 首尔 的 机场巴士。

Wǒ xiǎng chéngzuò qù shǒuěr de jīchǎngbāshì。

서울로 가는 리무진 버스를 타려고 합니다.

02

请问，在 哪儿 买 票?

Qǐngwèn, zài nǎr mǎi piào?

어디에서 표를 사야합니까?

03

请 到 那边 的 咨询台 去。

Qǐng dào nàbiān de zīxúntái qù。

저쪽 안내 데스크로 가서 문의해 주세요.

04

给 我 一 张 去 江南 的 票。多少 钱?

Gěi wǒ yì zhāng qù jiāngnán de piào。Duōshao qián?

강남 가는 버스표 1장 주세요. 얼마입니까?

05

可以 用 信用卡 支付 吗?

Kěyǐ yòng xìnyòngkǎ zhīfù ma?

신용카드로 지불해도 됩니까?

06

请 在 A3 等 去 江南 的 4:30 的 机场巴士。

Qǐng zài A3 děng qù jiāngnán de sì diǎn sānshí de jīchǎngbāshì。

A3에서 4시 30분 강남행 리무진을 기다리십시오.

상용문구

01

请问，在哪儿买票？
Qǐngwèn, zài nǎr mǎi piào?
어디에서 표를 사야합니까?

去那个角的卖票处。
qù nà ge jiǎo de màipiàochù。
저쪽 코너의 매표소로 가십시오.

02

可以用信用卡支付吗?

Kěyǐ yòng xìnyòngkǎ zhīfù ma?

신용카드로 지불해도 됩니까?

是的，可以。

Shìde, kěyǐ。

네, 가능합니다.

我们只收现金，对不起。

Wǒmen zhǐshōu xiànjīn, duìbuqǐ。

저희는 현찰만 받습니다. 죄송합니다.

문법

1. 연동문

하나의 문장 속에 두 개 이상의 동사가 연속되어 나타난 경우 '연동문'이다.

예 请<u>乘坐</u>那边的电梯<u>去</u>。

Qǐng chéngzuò nàbian de diàntī qù。

저쪽 엘리베이터를 타고 가세요.

2. 의문대명사 '多少'

의문대명사 '多少'은 '얼마/얼마나/얼마큼' 등 수량에 대해 물을 때 쓴다.

예 <u>多少</u>钱?

Duōshao qián?

얼마입니까?

<u>多少</u>乘客?

Duōshao chéngkè?

승객이 몇 명입니까?

교체연습

01

请在A3等去首尔的机场巴士。

Qǐng zài A3 děng qù shǒuěr de jīchǎng bāshì。

大田	dàtián	대전
广州	guǎngzhōu	광주
水源	shuǐyuán	원
原州	yuánzhōu	원주

02

可以用 信用卡 吗?

Kěyǐ yòng xìnyòngkǎ ma?

现金	xiànjīn	현금
支票	zhīpiào	수표
美元	měiyuán	달러
人民币	rénmínbì	인민폐

종합연습

1. 다음 미완성된 문장을 중국으로 완성해 보세요.

(1) 서울로 가는 <u>리무진 버스</u>를 타려고 합니다.

我想乘坐去首尔的机场(　　　　　　)。

(2) 어디에서 <u>표</u>를 사야 합니까?

请问，在哪儿买(　　　　　　)?

(3) <u>신용카드</u>로 지불해도 됩니까?

可以用(　　　　　　)支付吗?

2. 다음 문장을 중국어로 써 보세요.

(1) 어디에서 표를 사야합니까?

(2) 신용카드로 지불해도 됩니까?

(3) 저희는 현찰만 받습니다.

(4) 얼마입니까?

知识库

지식쌓기

有 志 者 事 竟 成

yǒu zhì zhě shì jìng chéng

– ≪三侠五义≫에 나오는 문구입니다.

해석 | 뜻만 있으면 일은 반드시 성취할 수 있다 .

용법 | 하려고만 들면 못 해낼 일이 없다는 말.

예문 | 有 志 者 事 竟 成。坚持到底就是胜利。

yǒu zhì zhě shì jìng chéng。jiānchí dàodǐ jiùshì shènglì。

뜻만 있으면 일은 반드시 성취할 수 있다. 끝까지 가면 반드시 해 낼 것이다.

第六课

酒店(I)

호텔(I)

어휘

预定	yùdìng	예약하다
房间	fángjiān	방
住几天	zhùjǐtiān	며칠 머물다
填好	tiánhǎo	기입하다
住宿表	zhùsùbiǎo	숙박계
想	xiǎng	~예정이다, ~생각이다
签名	qiānmíng	싸인하다
电梯	diàntī	엘리베이터

주요문구

(왕군씨는 서울 워커힐 호텔에 투숙하게 됩니다. 여기는 호텔 프론트 데스크입니다.)

01

请问，您 预定 房间 了 吗?
Qǐngwèn, nín yùdìng fángjiān le ma?
손님, 예약은 하셨습니까?

02

能 给 我 看 一下 您 的 护照 吗?
Néng gěi wǒ kàn yí xià nín de hùzhào ma?
여권을 보여주시겠습니까?

03

您 想 住 几 天?
Nín xiǎng zhù jǐ tiān?
며칠 머무실 예정이십니까?

04

请 填好 住宿表 后 签名。

Qǐng tiánhǎo zhùsùbiǎo hòu qiānmíng。

여기 숙박계에 기입하시고 싸인 해 주세요.

05

您 的 房间 是 1908 号。

Nín di fángjiān shì yāo jiǔ líng bā hào。

손님의 방은 1908호입니다.

06

请 乘坐 那边 的 电梯 去 19 层。

Qǐng chéngzuò nàbian de diàntī qù shíjiǔ céng。

저쪽 엘리베이터를 타고 19층으로 가세요.

상용문구

01

请问，您预定房间了吗?
Qǐngwèn, nín yùdìng fángjiān le ma?
손님, 예약은 하셨습니까?

是的，一周前电话预定的。
Shìde, yì zhōu qián diànhuà yùdìng de。
네, 1주전에 전화로 예약했습니다.

02

您想住几天?

Nín xiǎng zhù jǐ tiān?

며칠 머무실 예정이십니까?

我想住3天。

Wǒ xiǎng zhù sān tiān。

3일간 머물 예정입니다.

문법

1. 조동사 '想'

조동사는 동사 앞에 쓰인다. '想'은 '~ 하고 싶다'의 희망/바램을 나타낸다.

예 您想住几天?

Nín xiǎng zhù jǐ tiān?

며칠 머무실 예정이십니까?

我想乘坐去首尔的机场巴士。

Wǒ xiǎng chéngzuò qù shǒuěr de jīchǎngbāshì。

서울로 가는 리무진 버스를 타려고 합니다.

2. 숫자 '1'의 읽은 법

중국에서는 방 번호, 전화번호, 신분증 상의 숫자 '1'은 'yāo'라고 발음한다. 그 외에는 'yī'라고 읽는다.

예 您的房间是 1 9 0 8 号。

Nínde fángjiān shì yāo jiǔ líng bā hào。

손님의 방은 1908호입니다.

我的手机号码是 0 1 0 8 1 8 1 1 9 1 9。

Wǒde shǒujī hàomǎ shì líng yāo líng bā yāo bā yāo yāo jiǔ yāo jiǔ。

저의 핸드폰번호는 0 1 0 8 1 8 1 1 9 1 9.

교체연습

01

您预定房间了吗?

Nín yùdìng fángjiān le ma?

入住房间	rùzhù fángjiān	체크인
退房间	tuì fángjiān	체크아웃

02

有房间吗?

Yǒu fángjiān ma?

健身房	jiànshēnfáng	헬스장
室内游泳池	shìnèi yóuyǒngchí	실내수영장
酒吧	jiǔbā	BAR

종합연습

1. 다음 미완성된 문장을 중국으로 완성해 보세요.

(1) 손님, 예약은 하셨습니까?

请问，您(　　　　　　　)房间了吗?

(2) 며칠 머무실 예정이십니까?

您想住(　　　　　　　)?

(3) 손님의 방은 1908호입니다.

您的(　　　　　　　)是1908号。

(4) 저쪽 엘리베이터를 타고 19층으로 가세요.

请乘坐那边的(　　　　　　　)去19层。

2. 다음 문장을 중국어로 써 보세요.

(1) 손님, 예약은 하셨습니까?

(2) 네, 1주전에 전화로 예약했습니다.

(3) 며칠 머무실 예정이십니까?

(4) 3일간 머물 예정입니다.

知识库

지식쌓기

大家都知道洗澡对身体很好，经常洗澡不容易得病。那么是不是洗澡越多越好呢？　也不是。如果吃过饭以后马上去洗澡，这样就不好。有的人洗澡时喜欢洗很长时间，这样也不好。

Dàjiā dōu zhīdào xǐzǎo duì shēntǐ hěn hǎo, jīngcháng xǐzǎo bù róngyì débìng。Nàme shìbúshì xǐzǎo yuè duō yuè hǎo ne? Yě bú shì。Rúguǒ chī guo fàn yǐhòu mǎshàng qù xǐzǎo, zhèyàng jiù bù hǎo。Yǒu de rén xǐzǎo shí xǐhuan xǐ hěn cháng shíjiān, zhèyàng yě bù hǎo。

단어 | 洗澡 xǐzǎo 목욕하다,　身体 shēntǐ 몸,　得病 débìng 병에 걸리다,
越~越~ yuè~ yuè ~할수록~하다,　如果 rúguǒ 만약~한다면,
以后yǐhòu ~이후,　马上 mǎshàng 곧,

第七课

酒店（Ⅱ）

호텔(Ⅱ)

어휘

明天	míngtian	내일
饭票	fànpiào	식권
餐厅	cāntīng	식당
提供	tígòng	제공하다
早餐	zǎocān	아침식사
酒店	jiǔdiàn	호텔
免费	miǎnfèi	무료
室外游泳池	shìwàiyóuyǒngchí	야외 수영장
健身房	jiànshēnfáng	헬스장
帮助	bāngzhù	돕다
希望	xīwàng	바라다

주요문구

01

这 是 明天 早上 的 饭票。

Zhè shì míngtiān zǎoshang de fànpiào。

이것은 내일 아침 조식권입니다.

02

餐厅 在 一层 左边，早上 6点 到 10点 提供 早餐。

cāntīng zài yīcéng zuǒbian, zǎoshang liùdiǎn dào shídiǎn tígòng zǎocān。

식당은 1층 왼편에 있으며 아침 6시부터 10시까지 가능합니다.

03

酒店 里 有 健身房 吗?

Jiǔdiàn lǐ yǒu jiànshēnfáng ma?

호텔에 헬스장이 있습니까?

04

酒店 里 有 室外 游泳池。

Jiŭdiàn lĭ yŏu shìwài yóuyŏngchí。

호텔 안에는 야외 수영장이 있습니다.

05

您 需要 帮助 的 时候 请 按 一 号 键。

Nín xūyào bāngzhù de shíhou qĭng àn yí hào jiàn。

혹시 도움이 필요하시면 구내전화 1번을 누르시면 됩니다.

06

希望 您 能 在 我们 酒店 感到 舒适。

Xīwàng nín néng zài wŏmen jiŭdiàn găndào shūshì。

저희 호텔에서 편안한 시간되시기를 바랍니다.

상용문구

01

酒店里有健身房吗?
Jiǔdiàn lǐ yǒu jiànshēnfáng ma?
호텔에 헬스장이 있습니까?

是的，有。
Shìde, yǒu。
예, 있습니다.

24小时免费开放。
èrshísì xiǎosí miǎnfèi kāifàng。
24시간 무료 개방중입니다.

02

酒店里有商务馆吗?

Jiǔdiàn lǐ yǒu shāngwùguǎn ma?

호텔에 비즈니스룸이 있습니까?

我想復印一张。

Wǒ xiǎng fùyìn yì zhāng。

복사를 한 장 하고 싶습니다.

我想发张传真。

Wǒ xiǎng fā zhāng chuánzhēn。

팩스를 한 통 보내고 싶습니다.

我想用一下电脑。

Wǒ xiǎng yòng yí xià diànnǎo。

컴퓨터를 잠시 사용하고 싶습니다.

문법

1. 문형 '~ 的时候'

명사'时候'는 시간의 시점을 가리킨다. '때'의 뜻을 가지고 있다.

'~ 的时候'는 어떤 동작의 진행을 나타낼 때 사용한다. '~ 할 때'의 뜻이다.

예 您需要帮助**的时候**请按一号键。

Nín xūyào bāngzhù de shíhou qǐng àn yí hào jiàn。

도움이 필요하실 때 구내전화 1번을 누르시면 됩니다.

用餐**的时候**请拿房卡。

Yòngcān de shíhou qǐng ná fángkǎ。

식사하실 때 방카드를 가져오세요.

2. 조동사 '能'

조동사'能'은 동사의 앞에 위치하여 사건 발생의 가능성에 대해 판단을 나타낸다.

조동사 '能'은 '~ 할 수 있다'의 뜻을 나타낸다.

예 希望您**能**在我们酒店感到舒适。

Xīwàng nín néng zài wǒmen jiǔdiàn gǎndào shūshì。

저희 호텔에서 편안한 시간되시기를 바랍니다.

能给杯凉水吗?

Néng gěi bēi liángshuǐ ma?

차가운 물을 좀 갖다 주시겠습니까?

교체연습

01

酒店里有室外游泳池。

Jiǔdiàn lǐ yǒu shìwài yóuyǒngchí。

健身房	jiànshēnfáng	헬스장
网吧	wǎngbā	PC방

02

您需要帮助时请按一号键。

Nín xūyào bāngzhù shí qǐng àn yí hào jiàn。

叫前台	jiào qiántái	프론트데스크를 부르다
叫经理	jiào jīnglǐ	매니저를 부르다

종합연습

1. 다음 미완성된 문장을 중국으로 완성해 보세요.

(1) 이것은 내일 아침 조식권입니다.

这是(　　　　　　　)早上的饭票。

(2) 호텔에 헬스장이 있습니까?

(　　　　　　　)里有健身房吗?

(3) 호텔 안에는 야외 수영장이 있습니다.

酒店里有室外(　　　　　　　)。

(4) 컴퓨터를 잠시 사용하고 싶습니다.

我想用一下(　　　　　　　)。

2. 다음 문장을 중국어로 써 보세요.

(1) 호텔에 비즈니스룸이 있습니까?

(2) 복사를 한 장하고 싶습니다.

(3) 팩스를 한 통 보내고 싶습니다.

(4) 24시간 무료 개방중입니다.

知识库

지식쌓기

种瓜得瓜，种豆得豆

zhòng guā dé guā, zhòng dòu dé dòu

–清 纪昀 ≪阅微草堂笔记≫에 나오는 문구입니다.

해석 | 콩 심은데 콩 나고, 팥 심은 데 팥 난다.

용법 | 뿌린대로 거둔다는 말.

예문 | 种瓜得瓜，种豆得豆。所以一定要努力做事。

Zhòng guā dé guā, zhòng dòu dé dòu。Suǒyǐ yídìng yào nǔlì zuòshì。

콩 심은데 콩 나고, 팥 심은 데 팥 난다. 그래서 반드시 일을 열심히 해야 한다.

第八课

餐厅

음식점

어휘

早上好!	Zǎoshanghǎo!	좋은 아침입니다.
给	gěi	주다
怎么办?	Zěnmebàn?	어떻게 하지요?
放在	fàngzài	~에 두다
带	dài	지니다
房间卡	fángjiānkǎ	방 카드
进去	jìnqù	들어가다
用餐	yòngcān	식사하다

주요문구

(다음날 왕군씨는 아침 식사를 하러 1층 식당으로 갑니다.)

01

早上好! 请 给 我 饭票, 好吗?
Zǎoshanghǎo! Qǐng gěi wǒ fànpiào, hǎoma?
좋은 아침입니다. 조식권을 주시겠습니까?

02

我 放在 房间 里 了。怎么办?
Wǒ fàngzài fángjiān li le。Zěnmebàn?
아침조식권을 방에 두고 왔습니다. 어떻게 하지요?

03

您 带 房间卡 了 吗?
Nín dài fángjiānkǎ le ma?
방 카드를 가져오셨나요?

04

对，我 带 了。我 住 1908 房间。

Duì, wǒ dài le。Wǒ zhù yāo jiǔ líng bā fángjiān。

예, 가져왔습니다. 1908호에 묵고 있습니다.

05

好，您 可以 进去 用餐 了。

Hǎo, nín kěyǐ jìnqù yòngcān le。

예, 들어가서 식사하셔도 됩니다.

06

祝 您 用餐 愉快!

Zhù nín yòngcān yúkuài!

즐거운 시간 되세요.

07

7. 谢谢!

Xièxie!

감사합니다.

상용문구

01

我放在房间里了。怎么办?

Wǒ fàngzài fángjiān li le。Zěnmebàn?

아침조식권을 방에 두고 왔습니다. 어떻게 하지요?

说一下您的房间号码。

Shuō yí xià nín de fángjiān hàomǎ。

방 번호를 알려주세요.

早餐是西餐还是中餐?

Zǎocān shì xīcān háishì zhōngcān?

아침식사는 서양식입니까? 중국식 입니까?

都有。

Dōuyǒu。

모두 준비해 두었습니다.

문법

1. 어기조사 '了'

주로 새로운 상황의 출현이나 상황의 변화를 나타낸다. 동사나 형용사의 뒤에 붙어 그 기능을 한다.

예 我放在房间里了。
Wǒ fàngzài fángjiān li le。
방에 두었습니다.

您带房间卡了吗?
Nín dài fángjiānkǎ le ma?
방 카드를 가져오셨나요?

您可以进去用餐了。
Nín kěyǐ jìnqù yòngcān le。
들어가서 식사하셔도 됩니다.

天阴了。
Tiān yīn le。
날이 흐려졌다.

교체연습

01

您可以进去用餐了。

Nín kěyǐ jìnqù yòngcān le。

用餐	yòngcān	식사하다
拿走	názǒu	가져가다
拿盘子	ná pánzi	접시 이용하다

02

我放在房间里了。

Wǒ fàngzài fángjiān li le。

搁	gē	두다
落	là	(실수로) 두고 나오다

03

请给我饭票。

Qǐng gěi wǒ fànpiào。

钥匙	yàoshi	키
身份证	shēnfènzhèng	신분증

04

您带房间卡了吗?

Nín dài fángjiānkǎ le ma?

笔记本	bǐjiběn	노트
飞机票	fēijīpiào	비행기표

종합연습

1. 다음 미완성된 문장을 중국으로 완성해 보세요.

(1) 좋은 아침입니다. 조식권을 주시겠습니까?

(　　　　　)好！请给我饭票，好吗？

(2) 아침조식권을 방에 두고 왔습니다. 어떻게 하지요?

我放在房间里了。(　　　　　)?

(3) 방 카드를 가져오셨나요?

您带(　　　　　)卡了吗？

(4) 들어가서 식사하셔도 됩니다.

您可以进去(　　　　　)了。

2. 다음 문장을 중국어로 써 보세요.

(1) 제가 방에 두고 왔습니다.

(2) 방 번호를 알려주세요.

(3) 즐거운 (식사)시간 되세요.

(4) 모두 준비해 두었습니다.

知识库

지식쌓기

今年我们开始和中国学生一起上课了。开始时，觉得很难很难，老师讲得又多又快，我跟不上，特别着急。但是，半年过去了，现在我汉语进步很快。

Jīnnián wǒmen kāishǐ hé zhōngguó xuésheng yìqǐ shàngkè le。Kāishǐ shí, juéde hěn nán hěn nán, lǎoshi jiǎng de yòu duō yòu kuài, wǒ gēn bú shàng, tèbié zháojí。Dànshì, bànnián guòqù le, xiànzài wǒ hànyǔ jìnbù hěn kuài。

단어 | 开始 kāishǐ 시작하다, 上课 shàngkè 수업하다, 难 nán 어렵다, 跟不上 gēn bú shàng 따라잡을 수 없다, 着急 zháojí 조급하다, 进步 jìnbù 진보하다

第九课

餐厅服务

식사서비스

어휘

点	diǎn	주문하다
有名	yǒumíng	유명
食品	shípǐn	식품
参鸡汤	shēnjītāng	삼계탕
特色风味	tèsèfēngwèi	별미
份	fèn	~인분
一杯	yìbēi	한 잔
凉水	liángshuǐ	차가운 물
结帐	jiézhàng	계산

주요문구

(왕군씨는 서울 근교 한식당에서 한국의 맛을 즐기려합니다.)

01

请问，您 要 点 什么?
Qǐngwèn, nín yào diǎn shénme?
손님, 무엇을 주문하시겠습니까?

02

这 个 餐厅 什么 最 好吃?
Zhè ge cāntīng shénme zuì hǎo chī?
이 식당의 제일 맛있는 음식은 무엇입니까?

03

参鸡汤 是 我们 餐厅 的 特色风味。很 好吃。
Shēnjītāng shì wǒmen cāntīng de tèsèfēngwèi。hěn hǎochī。
저희 집은 삼계탕 전문입니다. 아주 맛있어요.

04

给 我 一份 参鸡汤 吧!

Gěi wǒ yí fèn shēnjītāng ba!

삼계탕 1인분 주세요.

05

能 给 杯 凉水 吗?

Néng gěi bēi liángshuǐ ma?

차가운 물을 좀 갖다 주시겠습니까?

06

请 结帐! 多少 钱?

Qǐng jiézhàng! Duōshao qián?

계산해 주십시오. 얼마입니까?

07

1 万 3 千元。谢谢! 再见!

Yí wàn sān qiān yuán。Xièxie! Zàijiàn!

1만3천원입니다. 감사합니다. 안녕히 가세요.

상용문구

01

请问，您要点什么？
Qǐngwèn, nín yào diǎn shénme?
손님, 무엇을 주문하시겠습니까?

全州拌饭很有名。
Quánzhōu bànfàn hěn yǒumíng。
전주는 비빔밥이 유명합니다.

给我两份全州拌饭。
Gěi wǒ liǎng fèn quánzhōu bànfàn。
전주비빔밥 2인분 주세요.

02

给我一份参鸡汤吧!

Gěi wǒ yì fèn shēnjītāng ba!

삼계탕 1인분 주세요.

烫。小心手。

Tàng。Xiǎoxīn shǒu。

뜨겁습니다. 손 조심하세요.

骨头放在盘子里。

Gǔtou fàngzài pánzi lǐ。

뼈는 접시에 버려주세요.

문법

1. 어기조사 '吧'

어기조사 '吧' '~하자 / 합시다'는 명령문 뒤에 붙어서 권유 혹은 청유의 어감을 나타낸다.

예 给我一份参鸡汤<u>吧</u>!

Gěi wǒ yì fèn shēnjītāng ba!

삼계탕 일인분 주세요.

给我换房间<u>吧</u>!

Gěi wǒ huàn fángjiān ba!

방을 바꿔 주세요.

2. 숫자 '2'의 읽은 법

중국어에서 숫자 '2'의 발음은 'èr' 과 'liǎng'이 있다. 10을 초과하지 않는 숫자 뒤에 양사 있을 경우는 'liǎng'으로 읽는다. 설사 뒤에 '천, 만, 억'이 있더라도 양사로 간주한다.

예 <u>2</u> 万 3 千元。

Liǎng wàn sān qiān yuán。

2만3천원입니다.

我买<u>两</u>瓶韩国米酒。

Wǒ mǎi liǎng píng hánguó mǐjiǔ。

저는 한국 곡주 2 병을 삽니다.

교체연습

01

请问，您点什么?		
Qǐngwèn, nín diǎn shénme?		
吃	chī	드시다
喝	hē	마시다

02

能 给 杯 凉水 吗?		
Néng gěi bēi liángshuǐ ma?		
果汁	guǒzhī	주스
咖啡	kāfēi	커피
绿茶	lǜ chá	녹차
可乐	kělè	콜라

종합연습

1. 다음 미완성된 문장을 중국으로 완성해 보세요.

(1) 손님, 무엇을 주문하시겠습니까?

请问，您要(　　　　　　)什么?

(2) 이 식당의 제일 맛있는 음식은 무엇입니까?

这个餐厅什么最(　　　　　　)?

(3) 삼계탕 1인분 주세요.

给我(　　　　　　)参鸡汤吧!

(4) 차가운 물을 좀 갖다 주시겠습니까?

能给杯(　　　　　　)吗?

2. 다음 문장을 중국어로 써 보세요.

(1) 손님, 무엇을 주문하시겠습니까?

(2) 이 식당의 제일 맛있는 음식은 무엇입니까?

(3) 차가운 물을 좀 갖다 주시겠습니까?

(4) 계산해 주십시오. 얼마입니까?

知识库

지식쌓기

百闻不如一见

bǎi wén bù rú yí jiàn

–≪汉书≫에 나오는 이야기입니다.

해석 | 백번 듣는 것이 한 번 보는 것만 못하다.

용법 | 직접 눈으로 보는 것이 중요하다는 말.

예문 | 这里的景致真是百闻不如一见啊！

Zhèlǐ de jǐngzhì zhēnshì bǎi wén bù rú yí jiàn a!

이곳의 경치는 정말로 백문불여일견이에요.

第十课

卡西诺

카지노

어휘

卡西诺	kǎxīnuò	카지노
营业	yíngyè	영업하다
允许	yǔnxǔ	~허락하다
拍照	pāizhào	사진 촬영
贵重品	guìzhòngpǐn	귀중품
保管	bǎoguǎn	보관하다
入内	rùnèi	안으로 들어가다
游戏	yóuxì	게임
外币	wàibì	외화
兑换	duìhuàn	화폐로 교환하다

주요문구

(왕군씨는 저녁에 워커힐호텔의 카지노에 갑니다.)

01

您好! 您 第一次 来 卡西诺 吗?

Nínhǎo! Nín dìyícì lái kǎxīnuò ma?

어서오십시오. 카지노에는 처음 오셨습니까?

02

我们 24 小时 营业。

Wǒmen èrshísì xiǎoshí yíngyè。

저희는 24시간 영업합니다.

03

卡西诺 内 不 允许 拍照。

Kǎxīnuò nèi bù yǔnxǔ pāizhào。

카지노에서는 사진 촬영을 할 수 없습니다.

04

贵重品 请 交给 我们 保管。
Guìzhòngpǐn qǐng jiāogěi wǒmen bǎoguǎn。
귀중품은 저희에게 맡겨 주십시오.

05

没有 护照 不能 入内。
Méiyǒu hùzhào bùnéng rùnèi。
여권을 소지하지 않으면 입장할 수 없습니다.

06

您 喜欢 什么 游戏?
Nín xǐhuan shénme yóuxì?
어떤 게임을 좋아하십니까?

07

外币 在 哪儿 兑换 呢？
Wàibì zài nǎr duìhuàn ne ?
외화는 어디에서 교환합니까?

상용문구

01

您好! 您第一次来卡西诺 吗?
Nínhǎo! Nín dìyícì lái kǎxīnuò ma?
어서오십시오. 카지노에는 처음 오셨습니까?

是的，是第一次。
Shì de, shì dì yí cì。
네, 처음입니다.

可以进去吗?
Kěyi jìnqu ma?
들어가도 됩니까?

02

没有护照不能入内。

Méiyǒu hùzhào bùnéng rùnèi。

여권을 소지하지 않으면 입장할 수 없습니다.

请出示护照!

Qǐng chūshì hùzhào!

여권을 보여주세요.

可以进去了。

Kěyǐ jìnqu le。

들어가셔도 됩니다.

祝您愉快!

Zhù nín yúkuài!

즐거운 시간되세요.

문법

1. 의문조사 '吗'

일반 서술문 끝에 '吗' '~입니까?'를 사용하여 의문문을 만들 수 있다.

예 您第一次来卡西诺<u>吗</u>?

Nín dìyícì lái kǎxīnuò ma?

카지노에는 처음 오셨습니까?

您在酒店过得愉快<u>吗</u>?

Nín zài jiǔdiàn guò de yúkuài ma?

호텔에서 편히 지내셨습니까?

2. 부정부사 '不'

부정을 나타내는 부사 '不' '~않다/못하다'은 주로 동사나 형용사 앞에 위치해서 현제 혹은 미래에 대한 부정 및 주관적인 부정에 사용된다.

예 没有护照<u>不</u>能入内。

Méiyǒu hùzhào bù néng rùnèi。

여권을 소지하지 않으면 입장할 수 없습니다.

明天我们<u>不</u>营业。

Míngtiān wǒmen bù yíngyè。

내일 우리 영업하지 않습니다.

교체연습

01

您喜欢这个游戏吗?

Nín xǐhuan zhè ge yóuxì ma?

转盘	zhuànpán	룰렛(Roulette)
百家乐	bǎijiālè	바카라(Baccarat)
三张扑卡	sānzhāngpūkǎ	리카드 포커(Three Card Poker)

02

没有护照不能入内。

Méiyǒu hùzhào bùnéng rùnèi。

身份证	shēnfènzhèng	신분증
出入证	chūrùzhèng	출입증
会员证	huìyuánzhèng	회원증

종합연습

1. 다음 미완성된 문장을 중국으로 완성해 보세요.

(1) 카지노에서는 사진 촬영을 할 수 없습니다.

卡西诺内不允许(　　　　　　)。

(2) 귀중품은 저희에게 맡겨 주십시오.

(　　　　　　)请交给我们保管。

(3) 어떤 게임을 좋아하십니까?

您喜欢(　　　　　　)游戏?

(4) 저희는 24시간 영업합니다.

我们 24 小时(　　　　　　)。

2. 다음 문장을 중국어로 써 보세요.

(1) 카지노에는 처음 오셨습니까?

(2) 여권을 소지하지 않으면 입장할 수 없습니다.

(3) 들어가셔도 됩니다.

(4) 즐거운 시간되세요.

知识库

지식쌓기

刚上大学的时候，离开了爸爸妈妈，我觉得什么都很新鲜，当然也有很多不习惯的地方。一年过去了，我已经很习惯大学的生活了。

Gāng shàng dàxué de shíhou, líkāi le bàba māma, wǒ juéde shénme dōu hěn xīnxiān, dāngrán yě yǒu hěn duō bù xíguàn de dìfāng。Yì nián guòqù le, wǒ yǐjīng hěn xíguàn dàxué de shēnghuó le。

단어 | 离开 líkāi 떠나다,　觉得 juéde ~느끼다,　新鲜 xīnxiān 신선하다,
习惯 xíguàn 적응하다,　生活 shēnghuó 생활하다

第十一课

去机场

공항에 가다

어휘

光临	guānglín	왕림하다
欢迎	huānyíng	환영하다
酒店巴士	Jiǔdiànbāshì	호텔리무진 버스
就要 ~ 了	jiùyào ~ le	~ 하려고 하다
出发	chūfā	출발하다
给	gěi	~에게
装上	zhuāngshang	~에 싣다
需要	xūyào	필요하다
仁川机场	rénchuānjīchǎng	인천공항
国际线	guójìxiàn	국제선

주요문구

(왕군씨는 한국여행을 마치고 호텔 리무진버스를 타고 공항으로 가려합니다.)

01

您 在 酒店 过 得 愉快 吗?
Nín zài jiǔdiàn guò de yúkuài ma?
호텔에서 편히 지내셨습니까?

02

谢谢! 欢迎 下次 光临。
Xièxie! Huānyíng xià cì guānglín。

03

酒店巴士 就要 出发 了, 请 这边 来。
Jiǔdiànbāshì jiùyào chūfā le, qǐng zhèbian lái。
호텔리무진 버스가 출발하려고 합니다. 이쪽으로 오세요.

04

行李 我 给 您 装上 车。

Xíngli wǒ gěi nín zhuāngshang chē。

수하물은 제가 싣겠습니다.

05

本 巴士 到达 仁川机场 需要 1 个 小时 10 分钟。

Běn bāshì dàodá rénchuānjīchǎng xūyào yí ge xiǎoshí shí fēnzhōng。

본 리무진은 인천공항까지 1시간 10분 소요됩니다.

06

仁川机场 国际线 到了。再见!

Rénchuānjīchǎng guójìxiàn dào le。Zàijiàn!

인천공항 국제선에 도착했습니다. 안녕히 가십시오.

상용문구

01

您在酒店过得愉快吗?
Nín zài jiǔdiàn guò de yúkuài ma?
호텔에서 편히 지내셨습니까?

是的，很满意。
Shìde, hěn mǎnyì。
네, 아주 만족합니다.

真的，过得很愉快。
Zhēn de guò de hěn yúkuài。
정말 즐거운 시간을 보냈습니다.

02

到达机场需要 1 个小时 10 分钟。

Dàodá jīchǎng xūyào yí ge xiǎoshí shí fēnzhōng。

공항까지 1시간 10분 소요됩니다.

不堵车吧?

Bù dǔchē ba?

교통이 막히지는 않겠지요?

现在车不多。

Xiànzài chē bù duō。

지금은 차량이 혼잡하지 않습니다.

能准时到达。

Néng zhǔnshí dàodá。

제 시간에 도착가능합니다.

문법

1. 시간부사 '就要 ~ 了'

시간부사 '就要 ~ 了' '곧~하게 되다'는 동작행위가 장차 또는 곧 발생할 것임을 나타낸다.

예 酒店巴士**就要**出发了。

Jiǔdiànbāshì jiùyào chūfā le。

호텔리무진 버스가 출발하려고 합니다.

飞机**就要**起飞了。

Fēijī jiùyào qǐfēi le。

비행기는 이륙하려고 합니다.

2. 정도보어의 표현

A(형용사/동사) + 得+B(형용사(구)/동사(구))

A한 정도가 B하다

예 您在酒店**过得愉快**吗?

Nín zài jiǔdiàn guò de yúkuài ma?

호텔에서 편히 지내셨습니까?

您在酒店**住得好**吗?

Nín zài jiǔdiàn zhù de hǎo ma?

호텔에서 잘 머물었습니까?

교체연습

01

机场国际线到了。
jīchǎng guójìxiàn dào le。

国内线	guónèixiàn	국내선
1号出口	yíhàochūkǒu	1번출구

02

您在酒店过得愉快吗?
Nín zài jiùdiàn guò de yùkuài ma?

玩	wán	놀다
呆	dāi	머물다
住	zhù	머물다

종합연습

1. 다음 미완성된 문장을 중국으로 완성해 보세요.

(1) 호텔에서 편히 지내셨습니까?

您在(　　　　　　)过得愉快吗?

(2) 다음에 또 찾아주시기를 바랍니다.

欢迎下次(　　　　　　)。

(3) 호텔리무진 버스가 출발하려고 합니다.

酒店巴士就要(　　　　　　)了。

(4) 공항 국제선에 도착했습니다.

机场(　　　　　　)到了。

2. 다음 문장을 중국어로 써 보세요.

(1) 다음에 또 찾아주시기를 바랍니다.

(2) 네, 아주 만족합니다.

(3) 정말 즐거운 시간을 보냈습니다.

(4) 제 시간에 도착가능 합니다.

知识库

지식쌓기

三人行，必有我师

sān rén xíng, bì yǒu wǒ shī

–≪论语≫에 나오는 이야기입니다.

해석 | 세 사람이 길을 가면 반드시 나의 스승이 있다.

용법 | 누구에게나 배울 점은 있다는 말.

예문 | 三人行，必有我师。请大家多多指教。

Sān rén xíng, bì yǒu wǒ shī。Qǐng dàjiā duōduō zhǐjiào。

세 사람이 길을 가면 반드시 나의 스승이 있다는 말처럼 여러분의 가르침을 부탁드립니다.

第十二课

出境手续

출국수속

어휘

韩亚航空	hányàhángkōng	아시아나항공
办手续	bànshǒuxù	수속하다
同行人员	tóngxíngrényuán	일행
护照	hùzhào	여권
飞机票	fēijīpiào	항공권
登机牌	dēngjīpái	탑승권
外衣	wàiyī	외투
鞋	xié	신발
脱下来	tuōxiàlai	벗어 버리다
随身携带	suíshēnxiédài	휴대하다
物品	wùpǐn	물품

주요문구

(왕군씨는 인천국제공항에 도착하여 출국수속과 출국심사를 받습니다.)

01

去 北京 的 韩亚 航空 在 哪儿 办 手续?
Qù Běijīng de hányà hángkōng zài nǎr bàn shǒuxù?
북경 가는 아시아나항공은 어디에서 수속하나요?

02

您 的 护照 和 飞机票, 有 同行人员 吗?
Nín de hùzhào hé fēijīpiào。Yǒu tóngxíngrényuán ma?
이것은 손님의 여권과 항공권입니다. 일행이 있으십니까?

03

这是 您 的 护照 和 登机牌。
Zhèshì nín de hùzhào hé dēngjīpái。
이것은 손님의 여권과 탑승권입니다.

42号 登机口 1:30 开始 登机。
Sìshíèr hào dēngjīkǒu yī diǎn sānshí kāishǐ dēngjī。
GATE 42번에서 1시30분부터 탑승 시작합니다.

04

有 要 托运 的 行李 吗? 20 公斤 以内 免费。
Yǒu yào tuōyùn de xíngli ma? èrshí gōngjīn yǐnèi miǎnfèi。
위탁수하물이 있으십니까? 1인 20Kg까지 무료입니다.

05

外衣 和 鞋 脱 下来, 东西 放在 筐里。
Wàiyī hé xié tuō xiàlai, dōngxi fàngzai kuāngli。
외투와 신발은 벗으시고, 짐은 바구니에 담아주세요.

16

有 随身 携带 的 物品 吗?
Yǒu suíshēn xiédài de wùpǐn ma?
몸에 지니신 물품이 있으신가요?

상용문구

01

去北京的韩亚航空在哪儿办手续?
Qù Běijīng de hányà hángkōng zài nǎr bàn shǒuxù?
북경 가는 아시아나항공은 어디에서 수속하나요?

手续柜台在K区。
Shǒuxù guìtái zài K qū。
카운터는 K구역 입니다.

02

您的护照和飞机票。有同行人员吗?
Nín de hùzhào hé fēijīpiào。Yǒu tóngxíngrényuán ma?
손님, 여권과 항공권을 주십시오. 일행이 있으십니까?

是的，有，算我一共3个人。

Shìde, yǒu, suàn wǒ yígòng sān ge rén。

네, 있습니다. 저를 포함해서 3명입니다.

请让我们坐在一起。

Qǐng ràng wǒmen zuò zài yìqǐ。

함께 앉게 해 주세요.

03

有随身携带的物品吗?

Yǒu suíshēn xiédài de wùpǐn ma?

몸에 지니신 물품이 있으신가요?

不，什么也没有。

Bù, shénme yě méiyǒu。

아니오, 아무것도 없습니다.

문법

1. 조동사 '要'

조동사 '要'는 동사의 앞에 위치하여 어떤 일에 대한 바람 의지 사실상의 필요를 나타낸다. 조동사 '要'은 '~ 하길 원하다(강한바램) / ~해야한다(당위)'의 뜻을 나타낸다.

예 有要托运的行李吗?

Yǒu yào tuōyùn de xíngli ma?

위탁수하물이 있으십니까?

孩子要听妈妈的话。

Háizi yào tīng māma de huà。

아이는 엄마의 말씀을 들어야 한다.

2. 연접사 '和' '…와, …과'

명사, 대명사, 명사화된 동사 혹은 형용사 등의 병렬을 나타냄.

예 您的护照和飞机票。

Nín de hùzhào hé fēijīpiào。

이것은 손님의 여권과 항공권입니다.

您的护照和登机牌。

Nín de hùzhào hé dēngjīpái。

이것은 손님의 여권과 탑승권입니다.

교체연습

01

韩亚航空登机手续柜台在K区。

hányàhángkōng dēngjī shǒuxù guìtái zài K qū

大韩航空	Dàhán hángkōng	대한항공
南方航空	Nánfāng hángkōng	남방항공
中国国际航空	Zhōngguó guójì hángkōng	중국국제항공

02

有要托运的行李吗?

Yǒu yào tuōyùn de xíngli ma?

物品	wùpǐn	물품
东西	dōngxi	물건
箱子	xiāngzi	트렁크

종합연습

1. 다음 미완성된 문장을 중국으로 완성해 보세요.

(1) 북경 가는 아시아나항공은 어디에서 수속하나요?

去北京的韩亚航空在哪儿办(　　　　　　　)?

(2) 이것은 손님의 여권과 항공권입니다.

您的护照和(　　　　　　　)。

(3) 외투와 신발은 벗으세요.

(　　　　　　　)和鞋脱下来。

(4) 몸에 지니신 물품이 있으신가요?

有随身携带的(　　　　　　　)吗?

2. 다음 문장을 중국어로 써 보세요.

(1) 몸에 지니신 물품이 있으신가요?

(2) 함께 앉게 해 주세요.

(3) 일행이 있으십니까?

(4) 아니오, 아무것도 없습니다.

知识库

지식쌓기

现在很多人都喜欢用手机发短信。发一条短信0.10~0.15元，比打电话要便宜，而且更方便，对方的手机关了也没关系。所以现在用手机发短信的人一天比一天多。是 红 茶 。

Xiànzài hěn duō rén dōu xǐhuan yòng shǒujī fā duǎnxìn。Fā yì tiáo duǎnxìn líng diǎn yī dào líng diǎn yī wǔ yuán, bǐ dǎ diànhuà yào piányì, ěrqiě gèng fāngbiàn, duìfāng de shǒujī guān le yě méi guānxi。Suǒyǐ xiànzài yòng shǒujī fā duǎnxìn de rén yìtiān bǐ yìtiān duō。

단어 | 手机 shǒujī 핸드폰, 短信 duǎnxìn 문자, 电话 diànhuà 전화,
便宜 piányì 싸다, 而且 ěrqiě 게다가, 比 bǐ ~보다

第十三课

免税店购物

면세점쇼핑

어휘

乐天免税店	lètiānmiǎnshuìdiàn	롯데면세점
酒	jiǔ	술
化妆品	huàzhuāngpǐn	화장품
介绍	jièshào	소개
网上购买	Wǎngshang gòumǎi	인터넷 구매
免税品	miǎnshuìpǐn	면세품
条	tiáo	보루
烟	yān	담배
结算	jiésuàn	계산하다
美元	měiyuán	달러(미국 돈)

주요문구

(왕군씨는 면세점에서 쇼핑 합니다.)

01

请问，怎么 去 乐天 免税店?

Qǐngwèn, zěnme qù lètiān miǎnshuìdiàn?

롯데면세점은 어디로 가야합니까?

02

韩国 最 有名 的 是 什么 酒?

Hánguó zuì yǒumíng de shì shénme jiǔ?

한국에서 가장 유명한 술은 무엇입니까?

03

能 介绍 一 下 韩国 的 化妆品 吗?

Néng jièshào yí xià hánguó de huàzhuāngpǐn ma?

한국의 화장품을 소개해주시겠습니까?

04

网上 购买 的 免税品 在 哪儿 领取?

Wǎngshang gòumǎi de miǎnshuìpǐn zài nǎr lǐngqǔ?

인터넷으로 주문한 면세품은 어디에서 찾나요?

05

几 条 烟 可以 免税?

Jǐ tiáo yān kěyǐ miǎn shuì?

담배는 몇 보루까지 면세가 되나요?

06

您 用 美元 结算 吗?

Nín yòng měiyuán jiésuàn ma?

손님, 달러로 계산하시겠습니까?

07

可以 用 卡 吗?

Kěyǐ yòng kǎ ma?

카드로 계산해도 되나요?

상용문구

01

韩国最有名的是什么酒?

Hánguó zuì yǒumíng de shì shénme jiǔ?

한국에서 가장 유명한 술은 무엇입니까?

安东烧酒比较有名。

āndōng shāojiǔ bǐjiào yǒumíng。

안동 소주가 비교적 유명합니다.

02

能介绍一下韩国的化妆品吗?

Néng jièshào yí xià hánguó de huàzhuāngpǐn ma?

한국의 화장품을 소개해주시겠습니까?

它是韩方产品，适合50岁以上的女性。
Tāshì hánfāng chǎnpǐn, shìhé wǔshí suì yǐshàng de nǚ xìng。
한방제품으로, 50대 이상의 여성에게 적합합니다.

03

网上购买的免税品在哪儿领取?
Wǎngshang gòumǎi de miǎnshuìpǐn zài nǎr lǐngqǔ?
인터넷으로 주문한 면세품은 어디에서 찾나요?

请到那边的免税引渡场。
Qǐng dào nàbian de miǎnshuì yǐndùchǎng。
저쪽 면세품 인도장으로 가주세요.

문법

1. 의문대명사 '怎么'

의문대명사 '怎么'는 동작의 방식이나 원인을 묻는 의문문을 구성한다.

예 请问，<u>怎么</u>去乐天免税店?

Qǐngwèn, zěnme qù lètiān miǎnshuìdiàn?
롯데면세점은 어떻게 가야합니까?

您<u>怎么</u>还不办手续?

Nín zěnme hái bú bàn shǒuxù?
어째서 아직 수속을 하지 않습니까?

2. 양사

양사는 사물이나 동작의 수량 단위를 나타내는 품사이다. 어떤 특정한 개체사물에 쓰인 양사도 있고 임시로 양사의 역할을 할 수 있는 차용양사도 있다.

예 几<u>条</u>烟可以免税?

Jǐ tiáo yān kěyǐ miǎn shuì?
담배는 몇 보루까지 면세가 되나요?

一<u>瓶</u>酒可以免税。

Yì píng jiǔ kěyǐ miǎnshuì。
술은 한 병까지 면세가 됩니다.

교체연습

01

请问，怎么去乐天免税店?

Qǐngwèn, zěnme qù lètiān miǎnshuìdiàn?

新罗	xīnluó	신라
东和	dōnghé	동화
韩国观光公社	hánguó guānguāng gōngshè	한국관광공사

02

一瓶酒可以免税。

Yì píng jiǔ kěyǐ miǎnshuì。

一条香烟	yì tiáo xiāngyān	담배 한 보루
香水60ml	Xiāngshuǐ liùshí háoshēng	향수는 60ml

03

旅客携带物品的免税范围为US$400以下。

Lǚkè xiédài wùpǐn de miǎnshuì fànwéi wéi sìbǎi měiyuán yǐxià。

여행객 휴대물품의 면세범위는 US$400 이하입니다.

종합연습

1. 다음 미완성된 문장을 중국으로 완성해 보세요.

(1) 롯데면세점은 어디로 가야합니까?

请问，怎么去乐天(　　　　　　　)?

(2) 인터넷으로 주문한 면세품은 어디에서 찾나요?

网上购买的(　　　　　　　)在哪儿领取?

(3) 담배는 몇 보루까지 면세가 되나요?

几条烟可以(　　　　　　　)?

(4) 손님, 달러로 계산하시겠습니까?

您用(　　　　　　　)结算吗?

2. 다음 문장을 중국어로 써 보세요.

(1) 한국에서 가장 유명한 술은 무엇입니까?

(2) 안동 소주가 유명합니다.

(3) 한방제품입니다.

(4) 저쪽 면세품 인도장으로 가주세요.

知识库

지식쌓기

全 神 贯 注

quán shén guàn zhù

– ≪子夜≫에 나오는 문구입니다.

해석 | 온 정신을 다 기울이다. 혼신의 힘을 기울이다.

용법 | 일을 집중해서 한다는 말.

예문 | 要是全神贯注地学习，成绩一定会好。

Yàoshì quánshénguànzhù de xuéxí, chéngjì yídìng huì hǎo。

온 정신을 다 기울여서 공부하면, 성적은 반드시 좋아진다.

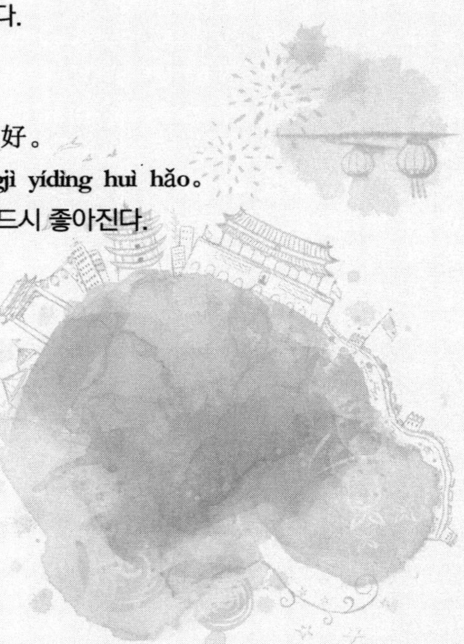

第十四课

登机

비행기 탑승

어휘

因	yīn	~때문에
机内检修	jīnèijiǎnxiū	기내정비
推迟登机	tuīchídēngjī	탑승 지연
请谅解!	Qǐng liàngjiě	양해해 주세요.
335 航班	sānsānwǔ hángbān	335편 항공
楼梯	lóutī	계단
机场小巴	jīchǎngxiǎobā	셔틀트레이

주요문구

(왕군씨는 북경행 비행기를 탑승하기 위해 GATE 6번에서 탑승을 기다리고 있습니다.)

01

因 机内 检修，推迟 登机。
Yīn jīnèi jiǎnxiū, tuīchí dēngjī。
기내 정비로 탑승이 지연되겠습니다.

02

请 谅解。谢谢!
Qǐng liàngjiě。Xièxie!
이점 양해해 주시기 바랍니다. 감사합니다.

03

OZ 335 航班 的 乘客 开始 登机 了。
OZ sānsānwǔ hángbān de chéngkè kāishǐ dēngjī le。
OZ 335편 탑승을 시작하겠습니다.

04

请 出示 您 的 登机牌, 好吗? 谢谢!

Qǐng chūshì nín de dēngjīpái, hǎoma? Xièxie!

손님, 탑승권을 보여주시겠습니까? 감사합니다.

05

在 这里 不能 使用 推车。

Zài zhèli bùnéng shǐyòng tuīchē。

손님, 이 카트는 여기서부터는 사용하실 수 없습니다.

06

请 乘坐 楼梯 下面 的 机场小巴 登机。

Qǐng chéngzuò lóutī xiàmiàn de jīchǎngxiǎobā dēngjī。

계단 아래 셔틀트레이를 이용해서 비행기에 탑승해 주세요.

07

旅途 愉快!

Lǚtú yúkuài!

즐거운 여행 되세요.

상용문구

01

请出示您的登机牌，好吗?

Qǐng chūshì nín de dēngjīpái, hǎoma?

손님, 탑승권을 보여주시겠습니까?

好的，在这儿。

Hǎode, zài zhèr。

예, 여기 있습니다.

请走这边的通道。

Qǐng zǒu zhèbiān de tōngdào。

이쪽 통로로 가십시오.

再见。

Zàijiàn。

안녕히 가십시오.

02

OZ 335 航班的乘客开始登机了。

OZ sānsānwǔ hángbān de chéngkè kāishǐ dēngjī le。

OZ 335편 탑승을 시작하겠습니다.

请排成两行，谢谢。

Qǐng páichéng liǎngháng, xièxie。

두 줄로 서 주시기를 바랍니다. 감사합니다.

头等舱的乘客请先登机。

Tóuděng cāng de chéngkè qǐng xiān dēngjī。

먼저 포스트 클래스 손님부터 탑승하겠습니다.

문법

1. 구조조사 '的'

구조조사는 단어와 어구를 연결시켜 통사론적 기능을 갖도록 하는 역할을 한다. 구조조사 '的'는 관형어를 나타내는 어법표지이다. 주로 관형어와 중심어를 연결한다.

예 请乘坐**楼梯下面的机场小巴**登机。

Qǐng chéngzuò lóutī xiàmiàn de jīchǎngxiǎobā dēngjī。

계단 아래 셔틀트레이를 이 용해서 비행기에 탑승해 주세요

网上购买的免税品在哪儿领取?

Wǎngshang gòumǎi de miǎnshuìpǐn zài nǎr lǐngqǔ?

인터넷으로 주문한 면세품은 어디에서 찾나요?

2. 청원문

청원문은 명령 부탁을 나타내는 문장이다. 주어는 종종 생략한다.

예 **旅途愉快!**

Lǚtú yúkuài!

즐거운 여행 되세요.

欢迎来韩国!

Huānyíng lái hánguó!

한국에 오신 것을 환영합니다.

교체연습

01

因机内检修，推迟登机。

Yīn jīnèi jiǎnxiū, tuīchí dēngjī。

天气原因	tiānqì yuányīn	날씨원인
空中雾大	kōngzhōng wù dà	안개가 많이 낀 이유

02

在这里不能使用推车。

Zài zhèli bùnéng shǐyòng tuīchē。

大声说话	dàshēng shuōhuà	큰소리로 말하다
乱扔垃圾	luànrēng lājī	쓰레기 버리다
乱跑	luàn pǎo	함부로 뛰다

종합연습

1. 다음 미완성된 문장을 중국으로 완성해 보세요.

(1) 기내 정비로 탑승이 지연되겠습니다.

因机内(　　　　　　　)，推迟登机。

(2) 양해해 주시기 바랍니다.

请(　　　　　　　)。

(3) 탑승권을 보여주시겠습니까?

请出示您的(　　　　　　　)，好吗?

(4) 계단 아래 셔틀트레이를 이용해서 비행기에 탑승해 주세요.

请乘坐楼梯下面的机场小巴(　　　　　　　)。

2. 다음 문장을 중국어로 써 보세요.

(1) 양해해 주시기 바랍니다.

(2) 이 카트는 여기서부터는 사용하실 수 없습니다.

(3) 이족 통로로 가십시오.

(4) 먼저 포스트클래스 손님부터 탑승하겠습니다.

知识库

지식쌓기

现在可真好，在冬天也能吃到夏天的水果。天气这么冷，苹果、葡萄、香蕉、西瓜还都能买到。不过，也有人说吃这种"反季节水果"不太好，冬天就应该吃冬天的水果，夏天就应该吃夏天的水果。

Xiànzài kě zhēn hǎo, zài dōngtiān yě néng chīdào xiàtiān de shuǐguǒ。Tiānqì zhème lěng, píngguǒ、pútáo、xiāngjiāo、xīguā hái dōu néng mǎidào。Búguò, yě yǒu rén shuō chī zhèzhǒng "fǎn jìjié shuǐguǒ" bú tài hǎo, dōngtiān jiù yīnggāi chī dōngtiān de shuǐguǒ, xiàtiān jiù yīnggāi chī xiàtiān de shuǐguǒ。

단어 | 现在 xiànzài 현재/지금,　冬天 dōngtiān 겨울,　夏天 xiàtiān 여름,
水果 shuǐguǒ 과일,　天气 tiānqì 날씨,　苹果 píngguǒ 사과,
香蕉 xiāngjiāo 바나나,　西瓜 xīguā 수박,　季节 jìjié 계절

저자 소개

- **박금청**
  한국영상대학교 중국항공승무원과 교수

- **이미화**
  한국영상대학교 중국항공승무원과 외래교수

- **양희옥**
  한국영상대학교 스튜어디스과 교수

서비스 중국어 회화

발 행 일 • 2013년 2월 1일

저　　자 • 박금청 · 이미화 · 양희옥
발 행 자 • 최봉조
발 행 처 • 진샘미디어
주　　소 • 서울시 은평구 역촌동 58-9
부호아파트 102동 상가 5호
전　　화 • 02)353-4421
F A X • 02)353-4431

Home-page • www.jinsaem.co.kr
신고번호 • 제311-2005-000025호

I S B N • 978-89-92887-83-0 (93720)

정가 10,000원